BEI GRIN MACHT SICH IHR WISSEN BEZAHLT

- Wir veröffentlichen Ihre Hausarbeit,
  Bachelor- und Masterarbeit

- Ihr eigenes eBook und Buch -
  weltweit in allen wichtigen Shops

- Verdienen Sie an jedem Verkauf

Jetzt bei www.GRIN.com hochladen und kostenlos publizieren

Christopher Krause

Das File Transfer Protocol unter Windows und Linux

GRIN Verlag

Bibliografische Information der Deutschen Nationalbibliothek:

Die Deutsche Bibliothek verzeichnet diese Publikation in der Deutschen National-
bibliografie; detaillierte bibliografische Daten sind im Internet über http://dnb.d-
nb.de/ abrufbar.

Impressum:

Copyright © 2010 GRIN Verlag GmbH
Druck und Bindung: Books on Demand GmbH, Norderstedt Germany
ISBN: 978-3-656-04432-1

Dieses Buch bei GRIN:

http://www.grin.com/de/e-book/181492/das-file-transfer-protocol-unter-windows-
und-linux

GRIN - Your knowledge has value

Der GRIN Verlag publiziert seit 1998 wissenschaftliche Arbeiten von Studenten, Hochschullehrern und anderen Akademikern als eBook und gedrucktes Buch. Die Verlagswebsite www.grin.com ist die ideale Plattform zur Veröffentlichung von Hausarbeiten, Abschlussarbeiten, wissenschaftlichen Aufsätzen, Dissertationen und Fachbüchern.

Besuchen Sie uns im Internet:

http://www.grin.com/

http://www.facebook.com/grincom

http://www.twitter.com/grin_com

Fachhochschule der Wirtschaft

- FHDW -

Bergisch Gladbach

Referat

Thema:

File Transfer Protocol

unter Windows und Linux

Verfasser:

Christopher Krause

3. Studientrimester

Studiengang: Wirtschaftsinformatik

Studiengruppe: BFW4B8

Studienfach: Betriebssysteme/Netze

Abgabetermin:

29.03.2010

Inhaltsverzeichnis

1. Einleitung

Diese Arbeit befasst sich mit einem grundlegenden Thema der Netzwerktechnologien, dem Netzwerkprotokoll „File Transfer Protocol" (kurz: FTP). Das zu vermittelnde Wissen richtet sich im ersten Teil an das allgemeine, theoretische Verständnis über FTP an sich. Im zweiten Teil wird die Verwendung des Netzwerkprotokolls unter den derzeit aktuellen Betriebssystemen Microsoft Windows Server 2008, Windows Vista und dem Linux Betriebssystem openSUSE näher dargestellt.

Dieses Referat soll einen möglichst weitreichenden Überblick über den komplexen Sachverhalt geben, jedoch ist eine gesamte Betrachtung aller vorkommenden Themenfelder nicht gewährleistet. Um näher auf die Verwendung von FTP unter den verschiedenen Betriebssystemen einzugehen, werden zunächst ein paar Grundlagen erläutert und zuallererst das betreffende Netzwerkprotokoll vorgestellt.

2. File Transfer Protocol (FTP)

Heutzutage existieren die vielfältigsten Netzwerk-/Internetprotokolle, die betriebssystemübergreifend für ihre verschiedenen Aufgaben als weltweite Standards gelten. Hierzu zählen insbesondere das Internet Protocol (IP)[1], das Transmission Control Protocol (TCP)[2], das HyperText Transfer Protocol (HTTP)[3], das Simple Mail Transfer Protocol (SMTP)[4] und natürlich auch das zuvor erwähnte File Transfer Protocol (FTP), das sich bereits seit Jahrzehnten bewährt. FTP dient im Allgemeinen der Datenübertragung zwischen zwei Endgeräten über ein TCP/IP-basiertes Netzwerk, wie z.B. das Internet.

2.1. Geschichte

Da bei der anfänglichen Entstehung eines weltweiten Netzwerks (also des Internets) die Fokussierung auf den globalen Datenaustausch der agierenden Wissenschaftler oder Regierungen lag, verwundert es nicht, dass FTP eines der ältesten Netzwerkprotokolle ist und zudem heute neben HTTP zu den Wichtigsten seiner Art gehört.

Die erste Spezifikation eines einheitlichen, stabilen und simplen Verfahrens, um Daten von einem Ort zum Anderen zu transferieren, wurde bereits 1971 durch die „Internet

---

[1] Basisprotokoll der Netzwerkdatenverbindungen
[2] Transportprotokoll über eine IP-Verbindung
[3] Kommunikationsprotokoll aller Webserver
[4] Standardprotokoll zum Senden von E-Mails

Engineering Task Force[5]" als „Request for Comments[6] 114" veröffentlicht und zur weiteren Diskussion gestellt. Nach einer weiteren Aktualisierung und Korrektur im Jahr 1980 (RFC 765) wird FTP mit der RFC 959 Ende 1985 endgültig zum weltweiten Standard für Datenübertragungen in Netzwerken. Somit gilt diese Spezifikation mit geringfügigen Zusätzen bei Sicherheit und Adressverwaltung (wegen IPv6) bereits für einen Zeitraum von einem Viertel Jahrhundert fast unverändert!

2.2. Client-Server Modell

FTP funktioniert auf der Basis des protokollunabhängigen Client-Server Modells, das eine Aufteilung der Services[7] im Netzwerk ermöglicht und somit prädestiniert für das Dateiübertragungsverfahren ist.

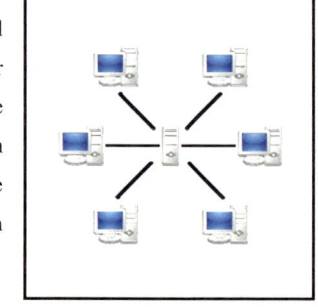

In diesem Modell stellt der Server in aller Regel einen leistungsstarken Rechner als Host[8] der verschiedenen Dienste dar, indem auf ihm mehrere Serverprogramme/Prozesse laufen, die für die vielen Clients in seinem Netzwerk von Bedeutung sind. Die laufenden Dienste können den Clients auf deren Anforderungen bereitgestellt werden.

Ein Client hingegen ist generell ein Personal Computer (oder auch nur ein Prozess dessen),

Abbildung 1: Client-Server Modell
(Quelle: s. Abbildungsverzeichnis)

der über das bestehende Netzwerk durch spezielle Befehle (siehe 3.1) auf den Server zugreift und einen Dienst anfordern kann, beispielsweise eine Benutzer-Authentifizierung zur Fernwartung des Servers.

Auf FTP bezogen bedeutet dies, dass die Anfragen für Dateiübertragungen immer vom Client ausgehen und auch von ihm gesteuert werden. Dabei ist die Übertragungsrichtung irrelevant, sodass eine Rechteverwaltung der berechtigten Benutzer seitens des Servers unbedingt erforderlich ist. Das Downloaden (Datei vom Server zum Client herunterladen), Uploaden (Dateien vom Client zum Server hochladen) sowie Flashen[9] (Dateitransfer von Server zu Server) wäre andernfalls für

---

[5] Organisation zur technischen Weiterentwicklung des Internets
[6] Sammlung technischer Dokumente des IETF
[7] eng. Dienst(e)
[8] eng. Anbieter
[9] Steuerung von Dateiübertragungen mittels File Exchange Protocol (im FTP enthalten)

alle Clients im Netzwerk möglich, was ein erhebliches Sicherheitsrisiko für den Server bedeuten würde.

2.3. Benutzer-Authentifizierung

Deshalb muss sich grundsätzlich jeder Client beim (FTP-)Server authentifizieren, um sich einloggen[10] und weitere Dienste anfragen zu können. Bei dem Login werden immer ein Benutzername und ein zugehöriges Passwort verlangt, die zuvor in einer Benutzerdatenbank der FTP-Software vom zuständigen SysOp[11] festgelegt und hinterlegt wurden. Dort sind auch weitere Eigenschaften pro Benutzerprofil hinterlegt, wie z.b. das Startverzeichnis auf der Festplatte, die maximalen Up-/Downloadraten sowie die akzeptierten Dateirechte (Lesen, Schreiben, Löschen, Ausführen).

Es liegt im Ermessen des SysOps einen anonymen, öffentlichen FTP-Zugang einzurichten, um einer breiteren Anzahl von Benutzern den Dateizugriff zu erlauben.

Aufgrund der fehlenden Verschlüsselung der Benutzerdaten bei der Authentifizierung und der weiteren FTP-Verbindung entsteht wiederum ein erhebliches Sicherheitsrisiko, da der gesamte Datentransfer zwischen Server und Client in Klartext übertragen wird und somit alles theoretisch einsehbar für jeden im Netzwerk befindlichen Client ist.

2.4. FTP over Secure Sockets Layer (SSL)

Um den gesamten FTP-Datentransfer zu sichern, wird heutzutage standardmäßig eine Kombination aus FTP und einem weiteren IETF-Protokoll namens Secure Sockets Layer (SSL) benutzt, das sogenannte File Transfer Protocol Secure (FTPS).

SSL als eigenständiges Sicherheitsprotokoll ermöglicht somit als transparente Erweiterung des FTP die vollständige Verschlüsselung aller übertragenden Daten zwischen Server und Client, indem es zwei Verschlüsselungsmodi anbietet.

Die erste Variante, das „Implicit SSL", erfordert die sofortige Verschlüsselung der Datenverbindung noch vor der eigentlichen Benutzer-Authentifizierung, sodass gar keine unsichere FTP-Verbindung mehr aufgebaut werden kann.

Im Gegensatz dazu steht das „Explicit SSL"-Verfahren, das eine reguläre FTP-Verbindung zulässt und erst auf Anfrage des Clients mit Hilfe des AUTH[12]-Befehls zur verschlüsselten Verbindung wechselt (auch vor der Benutzeranmeldung möglich).

---

[10] eng. Login, d.h. Benutzeranmeldung
[11] eng. Administrator, d.h. Verwalter des (FTP-)Servers
[12] eng. Autorisieren der Verschlüsselung

2.5. technische Funktionsweise

Die FTP-Spezifikation schreibt eine grundsätzliche Funktionsweise einer FTP-Verbindung vor, nämlich das Zwei-Port[13]-System.

Der erste Port, der Control Port, dient der Steuerung der FTP-Verbindung, bleibt für den gesamten Zeitraum der Verbindung bestehen und ist von der Organisation IANA[14] mit der Standardportnummer 21 definiert. Über ihn werden die Befehle des Clients zum Server und dessen Rückmeldungen in Form von speziellen Statuscodes gesendet.

Die eigentliche Dateiübertragung findet auf dem Standardport 20, dem Data Port, statt.

Hier werden zwei Übertragungsmodi unterschieden, den aktiven und passiven FTP, die kontrollieren, wie die Dateiverbindung eröffnet wird (siehe Abbildung 2).

Im meist genutzten „Active Mode" öffnet der Client einen zufälligen Port, übermittelt dem Server seine IP-Adresse mit geöffnetem Port und wartet auf die serverseitige Initiierung des Datentransfers.

Der „Passive Mode" funktioniert genau entgegengesetzt und wird vor allem von Clients eingesetzt, die aufgrund einer Firewall oder Routers keine eingehenden Verbindungen akzeptieren.

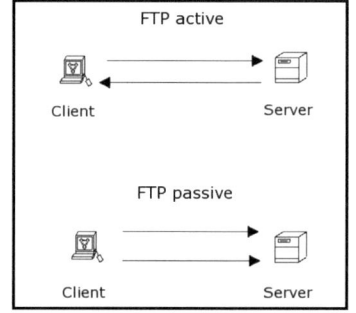

Abbildung 2: FTP Übertragungsmodi
(Quelle: s. Abbildungsverzeichnis)

In beiden Fällen muss noch der Datentransfertyp bestimmt werden, der festlegt, in welchem Datenformat die Datei übertragen wird. Aktuell wird ausschließlich das binäre[15] Format genutzt, da die Alternative der ASCII-Übertragung nur für reine Textdokumente geeignet ist.

3. Clients

Die weiteren Ausführungen beziehen sich auf das Microsoft Betriebssystem Vista Ultimate oder Linux Betriebssystem openSUSE 11 und werden aus der Sichtweise eines FTP-Clients dargestellt.

---

[13] Zusätzlicher Teil zur IP zur eindeutigen Adressierung eines Dienstes in einem Netzwerk
[14] Internet Assigned Numbers Authority: Verwaltung aller IP-Adressen und Portnummern
[15] Byteweise Übertragung der Datei

3.1. FTP per Kommandozeile (Linux)

Die alte und grundlegendste Art, sich auf einen FTP-Server einzuloggen, ist mithilfe der Linux eigenen Kommandozeile (sogenannte Konsole) möglich, da sie schon seit Jahrzehnten ein mächtiges, betriebssystemversionsübergreifendes Werkzeug für IT-Spezialisten ist und darüber hinaus eine leicht erlernbare, standardisierte Befehlssyntax besitzt. Das gilt natürlich auch für den eingebauten FTP-Client, der über die Eingabeaufforderung *ftp* gestartet wird. Die Kommandozeilenbefehle weichen jedoch oft von den in der RFC 959 definierten FTP-Befehlen ab (siehe Tabelle 1):

Befehl in der Kommandozeile	FTP-Befehl laut RFC 959	Kurzbeschreibung
user	USER	Authentifizierung des Benutzernamens
pass	PASS	Eingabe des Benutzerpassworts
cd	CWD	Wechseln des Verzeichnisses
delete	DELE	Löschen einer Datei
ls	LIST	Auflisten der Remoteverzeichnisse
put / send	STOR	Upload einer Datei
get / recv	RETR	Download einer Datei
mkdir	MKD	Erstellen eines Verzeichnisses

Tabelle 1: Vergleich der wichtigsten FTP-Befehle
(Quelle: s. Tabellenverzeichnis)

3.2. FTP per FlashFXP (Windows)

Natürlich existieren derzeit zahlreiche, kommerzielle wie frei verfügbare Softwareprodukte für die verschiedenen Betriebssysteme, die die Bedienung eines FTP-Clients erleichtern. Das erste[16] Programm, das als FTP-Client mit grafischer Benutzeroberfläche alle gängigen FTP- wie Sicherheitsfunktionen beherrschte, ist FlashFXP vom Unternehmen Inicom Networks. Die intuitive Bedienung per Drag and Drop[17] und die Aufteilung des Programms in vier, übersichtliche Fensterabschnitte[18] trug maßgeblich zur rasanten Popularität bei, sodass es aktuell zu den meistbenutzten, kommerziellen FTP-Clients gehört (Screenshot im Anhang).

---

[16] laut Herstellerangaben
[17] eng. Ziehen und Fallenlassen, hier: Verschieben von Dateien
[18] 2x Dateimanagerfenster für Client und Server, 1x Dateiwarteschlangenfenster, 1x FTP-Statusfenster

4. Server

Die weiteren Ausführungen beziehen sich auf das aktuelle Microsoft Betriebssystem Windows Server 2008 Enterprise Edition und werden aus der Sichtweise eines FTP-Servers dargestellt.

4.1. Internet Information Services (IIS)

Microsoft stellt seit fünfzehn Jahren in seinen verschiedenen Windowsversionen ein spezielles Netzwerkdienstpaket (was natürlich im Laufe der Jahre immer weiterentwickelt und vergrößert wurde) zur optionalen Installation bereit, die sogenannten Internet Information Services (kurz: IIS). Mittlerweile umfasst die neueste IIS-Version 7.5 in Windows Server 2008 alle erdenklichen und wichtigen Netzwerkapplikationen, unter anderem Webserver, E-Mail-Server und natürlich einen FTP-Server.

Dieser Dienst wird im Server-Manager installiert und bietet zahlreiche Einstellungsmöglichkeiten zu den vorher beschriebenen Themen Sicherheits-, Benutzer- und Dateiverwaltung. Das Einrichten eines FTP-Servers ist aufgrund der engen Verzahnung zwischen dem Windows Betriebssystem und diesem Dienst schwer zu handhaben, da beispielsweise die Benutzerverwaltung über die lokalen Windowsprofile abgewickelt wird und die jeweiligen Rechte eines registrierten Windowsbenutzers automatisch für den FTP-Server gelten, wenn er sich dort mit seinen Benutzerdaten einloggt. Die leistungsfähige, grafische Benutzeroberfläche bietet durch die zahlreichen, selbstsprechenden Icons[19] und die vielen Konfigurationsassistenten für die verschiedenen FTP-Aufgaben ein hohes Maß an Bedienkomfort, jedoch wird tiefgehendes Expertenwissen über die Verwaltung des Betriebssystems vorausgesetzt.

4.2. Fremdsoftware

Im Gegensatz dazu stehen einige Serverprogramme, die von anderen Marktanbietern entwickelt werden, z.B. der erste (kommerzielle) FTP-Server für Windows „Serv-U" wie auch der populäre, kostenlose Filezilla Server. Beide, als Vertreter dieser Art von Software, verwalten die FTP-Benutzer unabhängig vom Betriebssystem in einer eigenen Datenbank und bieten durch die zentralen, separaten Einstellungsmöglichkeiten eine bessere Übersicht und Handhabung als das Microsoft eigene IIS.

---

[19] eng. Symbol/Sinnbild

5. Anhang

5.1. FlashFXP Screenshot

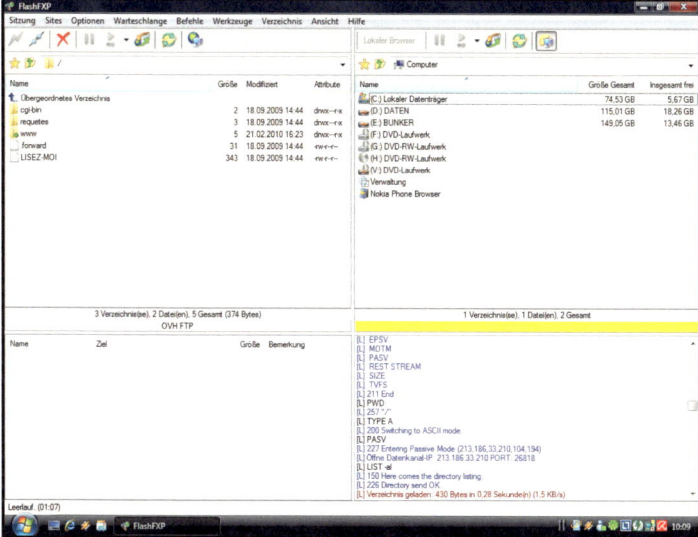

5.2. Serv-U Screenshot

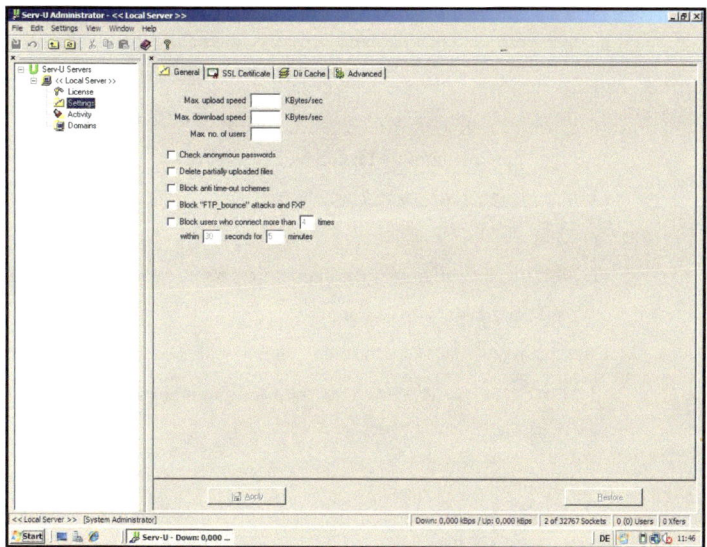

6. Quellenverzeichnisse

6.1. Literaturverzeichnis

Bücher:

1. Brockhaus Enzyklopädie in 15 Bänden. 20. Auflage. F. A. Brockhaus, Leipzig & Mannheim 1997

2. Bünning, Uwe: Microsoft Small Business Server 2003 – Standard und Premium Edition professionell im Unternehmen einsetzen, 1. Auflage. Carl Hanser Verlag, München 2005

3. Joos, Thomas: Microsoft Windows Server 2008 - Die Neuerungen im Praxiseinsatz, 1. Auflage. Microsoft Press Deutschland, Unterschleißheim 2008

4. Kuppinger, Martin & Joos, Thomas: Microsoft Windows Server 2003 R2 – Das Handbuch, 2. Auflage. Microsoft Press Deutschland, Unterschleißheim 2006

5. Microsoft IIS Team: Microsoft Windows Server 2008 Internetinformationsdienste 7.0 (technische Referenz), 1. Auflage. Microsoft Press Deutschland, Unterschleißheim 2009

Internetseiten:

6. http://tools.ietf.org/html/rfc959: Request for Comments 959 (FTP), 20.02.2010

7. http://www.ietf.org/about/: About IETF, 20.02.2010

8. http://cse.spsu.edu/pbobbie/Summer_2004/Chp5-51-53-ClientServer1.ppt: Client-Server-Modell, 21.02.2010

9. http://tools.ietf.org/html/rfc4217: Request for Comments 4217 (SSL), 21.02.2010

10. http://ftpguide.com/: FTP Guide, 22.02.2010

11. http://technet.microsoft.com/en-us/library/cc755356(WS.10).aspx: FTP Befehle, 22.02.2010

12. http://technet.microsoft.com/en-us/library/bb490910.aspx: CMD FTP client, 22.02.2010

13. http://www.flashfxp.com/index.php: FlashFXP Home, 24.02.2010

14. http://learn.iis.net/page.aspx/263/installing-and-configuring-ftp-on-iis-7/: IIS Tutorial, 24.02.2010

6.2. Abbildungsverzeichnis

6.3. Tabellenverzeichnis